בִּרְכּוֹן לְשַׁבָּת

Blessings for the Table

קַבָּלַת שַׁבָּת • בִּרְכַּת הַמָּזוֹן • הַבְדָּלָה

Welcoming Shabbat • Blessing after Meals • Havdalah

Edited by
Elyse D. Frishman

Adapted from
On the Doorposts of Your House
by Chaim Stern

CCAR
PRESS

5758 NEW YORK 1997

CCAR Press, 355 Lexington Avenue, New York, NY 10017

Copyright © 1997 Central Conference of American Rabbis

All rights reserved. Printed in USA.

Produced at Nostradamus Advertising
by W. Wolf and Warren Wolfsohn

Cover photograph by Lawrence E. Cohen

08 07 06 05   9 8 7 6 5 4

DESIGNED BY *Barry Nostradamus Sher*

Contents

For this sacred moment in time,
Our work is done.
Pause.
Breathe.
Release.

Shabbat's blessing is renewal:
      there is wonder in creation,
      there is purpose in life.

Shalom.
Shabbat shalom.

Welcoming Shabbat   קַבָּלַת שַׁבָּת

Our tradition invites each of us to offer tzedaka before the beginning of Shabbat. Consider placing a tzedaka container by your Shabbat table and offering contributions.

"When you reap the harvest of your field and overlook a sheaf in the field, do not turn back to get it; it shall go to the stranger, the fatherless and the widow—in order that God may bless you in all your undertakings." *[Deut. 24:19]*

"Happy are those who consider the poor . . ." *[Psalm 41:2]*

May we, together with all our people,
respond to the needs of others.
From the fruits of our harvest this week,
we share with others.

And so we gain blessing:
> our lives have meaning,
> our lives have love.

As You greet us with Your angels on Shabbat,
may we be Your messengers to the world.

Sha-lom a-lei-chem	שָׁלוֹם עֲלֵיכֶם,
mal-a-chei ha-sha-reit,	מַלְאֲכֵי הַשָּׁרֵת,
mal-a-chei el-yon,	מַלְאֲכֵי עֶלְיוֹן
mi-me-lech ma-l'chei ha-m'la-chim,	מִמֶּלֶךְ מַלְכֵי הַמְּלָכִים,
ha-ka-dosh ba-ruch hu.	הַקָּדוֹשׁ בָּרוּךְ הוּא.
Bo-a-chem l'sha-lom	בּוֹאֲכֶם לְשָׁלוֹם,
mal-a-chei ha-sha-lom,	מַלְאֲכֵי הַשָּׁלוֹם,
mal-a-chei el-yon,	מַלְאֲכֵי עֶלְיוֹן
mi-me-lech ma-l'chei ha-m'la-chim,	מִמֶּלֶךְ מַלְכֵי הַמְּלָכִים,
ha-ka-dosh ba-ruch hu.	הַקָּדוֹשׁ בָּרוּךְ הוּא.
Ba-r'chu-ni l'sha-lom,	בָּרְכוּנִי לְשָׁלוֹם,
mal-a-chei ha-sha-lom,	מַלְאֲכֵי הַשָּׁלוֹם,
mal-a-chei el-yon,	מַלְאֲכֵי עֶלְיוֹן
mi-me-lech ma-l'chei ha-m'la-chim,	מִמֶּלֶךְ מַלְכֵי הַמְּלָכִים,
ha-ka-dosh ba-ruch hu.	הַקָּדוֹשׁ בָּרוּךְ הוּא.
Tzei-t'chem l'sha-lom,	צֵאתְכֶם לְשָׁלוֹם,
mal-a-chei ha-sha-lom,	מַלְאֲכֵי הַשָּׁלוֹם,
mal-a-chei el-yon,	מַלְאֲכֵי עֶלְיוֹן
mi-me-lech ma-l'chei ha-m'la-chim,	מִמֶּלֶךְ מַלְכֵי הַמְּלָכִים,
ha-ka-dosh ba-ruch hu.	הַקָּדוֹשׁ בָּרוּךְ הוּא.

Peace be to you, ministering angels, messengers of the Most High, of the supreme Sovereign, the Holy One, ever to be praised.

Enter in peace, O messengers of the Most High, of the supreme Sovereign, the Holy One, ever to be praised.

Bless us with peace, O messengers of the Most High, of the supreme Sovereign, the Holy One, ever to be praised.

Depart in peace, O messengers of the Most High, of the supreme Sovereign, the Holy One, ever to be praised.

■

Mah ya-feh ha-yom	מַה יָּפֶה הַיּוֹם
Shabbat Shalom	שַׁבָּת שָׁלוֹם

How beautiful this day is: Shabbat Shalom.

■

L'cha do-di lik-rat ka-la,	לְכָה דוֹדִי לִקְרַאת כַּלָּה,
p'nei Shabbat n'ka-b'la.	פְּנֵי שַׁבָּת נְקַבְּלָה.
Sha-mor v'za-chor	שָׁמוֹר וְזָכוֹר
b'di-bur eh-chad,	בְּדִבּוּר אֶחָד,
hish-mi-anu Eil ha-m'yu-chad;	הִשְׁמִיעָנוּ אֵל הַמְיֻחָד.
Adonai eh-chad,	יי אֶחָד
u-sh'mo eh-chad,	וּשְׁמוֹ אֶחָד,
l'sheim u-l'tif-eh-ret v'li-t'hi-la.	לְשֵׁם וּלְתִפְאֶרֶת וְלִתְהִלָּה.
L'cha do-di . . .	לְכָה דוֹדִי . . .
Lik-rat Shabbat	לִקְרַאת שַׁבָּת
l'chu v'nei-l'cha,	לְכוּ וְנֵלְכָה,
ki hi m'kor ha-b'ra-cha.	כִּי הִיא מְקוֹר הַבְּרָכָה.
Mei-rosh mi-keh-dem	מֵרֹאשׁ מִקֶּדֶם
n'su-cha, sof ma-a-seh	נְסוּכָה, סוֹף מַעֲשֶׂה,
b'ma-cha-sha-va t'chi-la.	בְּמַחֲשָׁבָה תְּחִלָּה.
L'cha do-di . . .	לְכָה דוֹדִי . . .
Hit-o-r'ri, Hit-o-r'ri,	הִתְעוֹרְרִי, הִתְעוֹרְרִי,
ki va o-reich!	כִּי בָא אוֹרֵךְ!
Ku-mi o-ri, u-ri u-ri,	קוּמִי, אוֹרִי, עוּרִי עוּרִי,
shir da-bei-ri;	שִׁיר דַּבֵּרִי;
k'vod Adonai a-la-yich nig-la.	כְּבוֹד יי עָלַיִךְ נִגְלָה.
L'cha do-di . . .	לְכָה דוֹדִי . . .

Bo-i v'sha-lom,	בֹּואִי בְשָׁלוֹם,
a-teh-ret ba-a-lah;	עֲטֶרֶת בַּעְלָהּ,
gam b'sim-chah u-v'tsa-ho-la.	גַּם בְּשִׂמְחָה וּבְצָהֳלָה.
Toch eh-mu-nei am s'gu-la,	תּוֹךְ אֱמוּנֵי עַם סְגֻלָּה.
bo-i cha-la! Bo-i- cha-la!	בְּוֹאִי כַלָּה! בְּוֹאִי כַלָּה!
L'cha do-di . . .	לְכָה דוֹדִי . . .

Beloved, come to meet the bride; beloved, come to greet Shabbat.

Keep and Remember: a single command, the Only God caused us to hear; the Eternal is One, God's name is One, for honor and glory and praise.

Beloved . . .

Come with me to meet Shabbat, forever a fountain of blessing. Still it flows, as from the start: the last of days, for which the first was made.

Beloved . . .

Awake, awake, your light has come! Arise, shine, awake and sing; the Eternal's glory dawns upon you.

Beloved . . .

Enter in peace, O crown of your husband; enter in gladness, enter in joy. Come to the people that keeps its faith. Enter, O bride! Enter, O bride!

Beloved . . .

Kindling Shabbat Lights
Hadlakat Haneirot—הַדְלָקַת הַנֵּרוֹת

Tradition invites us to light two candles as Shabbat begins.
Kindle these lights.

We mark the beginning of this sacred time.
Shabbat: the day of rest.

We pause and remind ourselves
of the beauty of this world,
of the loves that embrace us,
of the blessings that fill us.

Ba-ruch a-ta A-do-nai,	בָּרוּךְ אַתָּה יי,
Eh-lo-hei-nu meh-lech ha-o-lam,	אֱלֹהֵינוּ מֶלֶךְ הָעוֹלָם,
a-sher ki-d'sha-nu b'mitz-vo-tav	אֲשֶׁר קִדְּשָׁנוּ בְּמִצְוֹתָיו
v'tzi-va-nu l'had-lik ner	וְצִוָּנוּ לְהַדְלִיק נֵר
shel Shabbat.	שֶׁל שַׁבָּת.

We praise You, Eternal One, Sovereign God of the universe;
You call us to holiness, and enjoin us to kindle the Sabbath lights.

May we be blessed with Shabbat joy.
May we be blessed with Shabbat peace.
May we be blessed with Shabbat light.

Blessings for Loved Ones
Birchot Hamishpacha—בִּרְכוֹת הַמִּשְׁפָּחָה

In praise of a woman

A woman of valor, seek her out;
She is to be valued above rubies.
She opens her hand to those in need,
And offers her help to the poor.

Adorned with strength and dignity,
She looks to the future with cheerful trust.
Her speech is wise; the law of kindness is on her lips.
Those who love her rise up with praise and call her blessed:
'Many have done well, but you surpass them all.'

Charm is deceptive and beauty short-lived,
But a woman loyal to God truly has earned praise.
Honor her for her work;
Her life proclaims her praise. *[From Proverbs 31]*

In praise of a man

Blessed is the man loyal to God,
Who delights in the Eternal One's commandments!
His descendants will be honored in the land:
The generation of the upright will be blessed.
His household prospers,
And his righteousness endures forever.

Light dawns in the darkness for the upright;
For the man who is gracious, merciful, and just.

He has been generous, has given freely to the poor;
His righteousness endures forever;
His life is exalted in honor.

[From Psalm 112]

For a child

Blessed is the parent and blessed is the child
When our hearts are turned toward one another.

Blessed is the home filled with laughter and light,
the spirit of Shabbat.

Seek truth always.
Speak words of kindness.
Be just and loving in your deeds.

A noble heritage has been entrusted to you;
Guard it well.

May God bless you and guide you.

For a boy

יְשִׂמְךָ אֱלֹהִים
כְּאֶפְרַיִם וְכִמְנַשֶּׁה.

*Y'sim-cha E-lo-him
k'Ef-ra-yim v'chi-M'nash-eh.*

May God inspire you to live in the
tradition of Ephraim and Menasheh,
who carried forward the life of our
people.

For a girl

יְשִׂמֵךְ אֱלֹהִים
כְּשָׂרָה, רִבְקָה, לֵאָה וְרָחֵל.

*Y'si-mech E-lo-him
k'Sa-ra, Riv-ka, Lei-a v'Ra-chel.*

May God inspire you to live in the
tradition of Sarah, Rebekah, Leah,
and Rachel, who carried forward the
life of our people.

For both boys and girls

Y'va-re-ch'cha Adonai v'yish-m're-cha.　יְבָרֶכְךָ יהוה וְיִשְׁמְרֶךָ.

Ya-eir Adonai pa-nav　יָאֵר יהוה פָּנָיו
ei-le-cha vi-chu-ne-ka.　אֵלֶיךָ וִיחֻנֶּךָּ.

Yi-sa Adonai pa-nav ei-le-cha　יִשָּׂא יהוה פָּנָיו אֵלֶיךָ
v'ya-seim l'cha sha-lom.　וְיָשֵׂם לְךָ שָׁלוֹם.

May God bless you and keep you. May God look kindly upon you, and be gracious to you. May God reach out to you in tenderness, and give you peace.

*There might now be a moment of silence,
in which all present think of one another with blessing.*

Evening Kiddush—קִדּוּשׁ

Fill a Kiddush cup with wine or grape juice (both are 'fruit of the vine').
Raise it and recite:

"Six days you will work and achieve,
but the seventh day is dedicated to
the Eternal One, your God."

With the fruit of the vine, our sweet symbol of joy,
we celebrate this sacred day.

We give thanks for life and its blessings,
for work and for rest,
for the opportunity to gain and the privilege to give,
for home and friendship and love.

∎

Some continue here, others at the next paragraph

Va-y'chu-lu ha-sha-ma-yim v'ha-a-retz	וַיְכֻלּוּ הַשָּׁמַיִם וְהָאָרֶץ
v'chol tz'va-am.	וְכָל־צְבָאָם:
Va-y'chal E-lo-him ba-yom ha-sh'vi-i	וַיְכַל אֱלֹהִים בַּיּוֹם הַשְּׁבִיעִי
m'lach-to a-sher a-sa,	מְלַאכְתּוֹ אֲשֶׁר עָשָׂה
va-yish-bot ba-yom ha-sh'vi-i	וַיִּשְׁבֹּת בַּיּוֹם הַשְּׁבִיעִי
mi-kol m'lach-to a-sher a-sa.	מִכָּל־מְלַאכְתּוֹ אֲשֶׁר עָשָׂה:
Va-y'va-rech E-lo-him et	וַיְבָרֶךְ אֱלֹהִים אֶת־
yom ha-sh'vi-i va-y'ka-deish o-to,	יוֹם הַשְּׁבִיעִי וַיְקַדֵּשׁ אֹתוֹ
ki vo sha-vat mi-kol m'lach-to	כִּי בוֹ שָׁבַת מִכָּל־מְלַאכְתּוֹ
a-sher ba-ra E-lo-him la-a-sot.	אֲשֶׁר־בָּרָא אֱלֹהִים לַעֲשׂוֹת:

Now the whole universe—sky, earth, and all their array—was completed. With the seventh day God ended the work of creation, resting on the seventh day, with all the work completed. Then God blessed the seventh day and sanctified it, this day having completed the work of creation.

∎

Ba-ruch a-ta A-do-nai,	בָּרוּךְ אַתָּה יי,
Eh-lo-hei-nu meh-lech ha-o-lam,	אֱלֹהֵינוּ מֶלֶךְ הָעוֹלָם,
bo-rei p'ri ha-ga-fen.	בּוֹרֵא פְּרִי הַגָּפֶן.
Ba-ruch a-ta A-do-nai,	בָּרוּךְ אַתָּה יי,
Eh-lo-hei-nu meh-lech ha-o-lam,	אֱלֹהֵינוּ מֶלֶךְ הָעוֹלָם,
a-sher ki-d'sha-nu b'mitz-vo-tav	אֲשֶׁר קִדְּשָׁנוּ בְּמִצְוֹתָיו
v'ra-tza va-nu, v'shabbat ko-d'sho	וְרָצָה בָנוּ, וְשַׁבַּת קָדְשׁוֹ
b'a-ha-va u-v'ra-tzon hin-chi-la-nu,	בְּאַהֲבָה וּבְרָצוֹן הִנְחִילָנוּ,
zi-ka-ron l'ma-a-sei v'rei-shit.	זִכָּרוֹן לְמַעֲשֵׂה בְרֵאשִׁית.
Ki hu yom t'chi-la	כִּי הוּא יוֹם תְּחִלָּה
l'mik-ra-ei ko-desh,	לְמִקְרָאֵי קֹדֶשׁ,
zei-cher li-tzi-at Mitz-ra-yim.	זֵכֶר לִיצִיאַת מִצְרָיִם.
Ki va-nu va-char-ta	כִּי־בָנוּ בָחַרְתָּ
v'o-ta-nu ki-dash-ta	וְאוֹתָנוּ קִדַּשְׁתָּ
mi-kol ha-a-mim,	מִכָּל־הָעַמִּים,
v'sha-bat kod-sh'cha	וְשַׁבַּת קָדְשְׁךָ
b'a-ha-va u-v'ra-tzon	בְּאַהֲבָה וּבְרָצוֹן
hin-chal-ta-nu.	הִנְחַלְתָּנוּ.
Ba-ruch a-ta A-do-nai,	בָּרוּךְ אַתָּה יי,
m'ka-deish ha-sha-bat.	מְקַדֵּשׁ הַשַּׁבָּת.

We praise You, Eternal One, Sovereign God of the universe:
You create the fruit of the vine.

We praise You, Eternal One, Sovereign God of the universe: You call us to holiness with the Mitzvah of Shabbat: the sign of Your love, a reminder of Your creative work, and of our liberation from Egyptian bondage, our day of days. On Shabbat especially, we hearken to Your call to serve You as a holy people.

We praise You, Eternal One, for the holiness of Shabbat.

Morning Kiddush—קִדּוּשׁ

V'sham'ru v'nei Yis-ra-el et
ha-sha-bat, la-a-sot et ha-shabbat
l'do-ro-tam, b'rit o-lam. Bei-ni
u-vein b'nei Yis-ra-el ot hi
l'o-lam, ki shei-shet ya-mim a-sa
Adonai et ha-sha-ma-yim v'et
ha-a-retz, u-va-yom ha-sh'vi-i
sha-vat va-yi-na-fash.

וְשָׁמְרוּ בְנֵי־יִשְׂרָאֵל אֶת־
הַשַּׁבָּת, לַעֲשׂוֹת אֶת־הַשַּׁבָּת
לְדֹרֹתָם בְּרִית עוֹלָם. בֵּינִי
וּבֵין בְּנֵי יִשְׂרָאֵל אוֹת הִוא
לְעֹלָם, כִּי־שֵׁשֶׁת יָמִים עָשָׂה
יהוה אֶת־הַשָּׁמַיִם וְאֶת־
הָאָרֶץ, וּבַיּוֹם הַשְּׁבִיעִי
שָׁבַת וַיִּנָּפַשׁ.

Al kein bei-rach Adonai et yom
ha-shabbat va-y'ka-d'shei-hu.

עַל־כֵּן בֵּרַךְ יהוה אֶת־יוֹם
הַשַּׁבָּת וַיְקַדְּשֵׁהוּ.

Ba-ruch a-ta A-do-nai,
Eh-lo-hei-nu meh-lech ha-o-lam,
bo-rei p'ri ha-ga-fen.

בָּרוּךְ אַתָּה יי,
אֱלֹהֵינוּ מֶלֶךְ הָעוֹלָם,
בּוֹרֵא פְּרִי הַגָּפֶן.

The people of Israel shall keep the Sabbath, observing the Sabbath in every generation as a covenant for all time. It is a sign between Me and the people of Israel forever. For in six days the Eternal God made heaven and earth, but on the seventh day God rested and was refreshed.

Therefore the Eternal One blessed the seventh day and called it holy.

We praise You, Eternal One, Sovereign God of the universe:
You create the fruit of the vine.

Celebration with Food—הַמּוֹצִיא

Tradition invites us to have a challah on our table, covered with a cloth.
At this moment, remove the cover and recite:

Ba-ruch a-ta A-do-nai,
E-lo-hei-nu me-lech ha-o-lam,
ha-mo-tzi le-chem min ha-a-retz.

בָּרוּךְ אַתָּה יי,
אֱלֹהֵינוּ מֶלֶךְ הָעוֹלָם,
הַמּוֹצִיא לֶחֶם מִן הָאָרֶץ.

We praise You, Eternal One, Sovereign God of the universe:
You cause bread to come forth from the earth.

Songs—זְמִירוֹת

Ki Eshm'ra Shabbat—כִּי אֶשְׁמְרָה שַׁבָּת

Ki esh-m'ra Shabbat,	כִּי אֶשְׁמְרָה שַׁבָּת,
El yish-m'rei-ni.	אֵל יִשְׁמְרֵנִי.
Ot hi l'o-l'mei ad,	אוֹת הִיא לְעוֹלְמֵי עַד
bei-no u-vei-ni.	בֵּנוֹ וּבֵינִי.

Shabbat is the bond forever between us and our God.

Y'did Nefesh—יְדִיד נֶפֶשׁ

Y'did neh-fesh, Av ha-ra-cha-man,	יְדִיד נֶפֶשׁ, אָב הָרַחֲמָן,
m'shoch av-d'cha el r'tzo-neh-cha.	מְשׁוֹךְ עַבְדְּךָ אֶל רְצוֹנֶךָ.
ya-rutz av-d'cha k'mo a-yal,	יָרוּץ עַבְדְּךָ כְּמוֹ אַיָּל,
yish-ta-cha-veh el mul ha-da-reh-cha.	יִשְׁתַּחֲוֶה אֶל מוּל הֲדָרֶךָ.

Heart's delight, Source of mercy, draw Your servant into Your arms . . .

V'taheir Libeinu—וְטַהֵר לִבֵּנוּ

V'ta-heir li-bei-nu	וְטַהֵר לִבֵּנוּ
l'ov-d'cha be-e-met.	לְעָבְדְּךָ בֶּאֱמֶת.

Purify our hearts to serve You in truth.

David Melech Yisra-el—דָּוִד מֶלֶךְ יִשְׂרָאֵל

Da-vid me-lech Yis-ra-el	דָּוִד מֶלֶךְ יִשְׂרָאֵל
chai v'ka-yam.	חַי וְקַיָּם.

David, King of Israel, lives and endures.

Al Sh'losha D'varim—עַל שְׁלשָׁה דְבָרִים

Al sh'lo-sha d'va-rim	עַל שְׁלשָׁה דְבָרִים
ha-o-lam o-meid	הָעוֹלָם עוֹמֵד:

al ha-torah, v'al ha-a-vo-dah,
v'al g'mi-lut cha-sa-dim.

עַל הַתּוֹרָה וְעַל הָעֲבוֹדָה
וְעַל גְּמִילוּת חֲסָדִים.

The world stands on three things:
on Torah, on worship, and on loving kindness.

Shabbat Hamalka—שַׁבָּת הַמַּלְכָּה

Ha-cha-mah mei-rosh

הַחַמָּה מֵרֹאשׁ

ha-il-an-ot nis-tal-kah,

הָאִילָנוֹת נִסְתַּלְּקָה,

Bo-u v'nei-tzei lik-rat

בֹּאוּ וְנֵצֵא לִקְרַאת

shabbat ha-mal-kah.

שַׁבָּת הַמַּלְכָּה.

Hi-nei hi yo-re-det,

הִנֵּה הִיא יוֹרֶדֶת,

ha-k'do-shah ha-b'ru-chah.

הַקְּדוֹשָׁה הַבְּרוּכָה.

V'imah mal-a-chim,

וְעִמָּהּ מַלְאָכִים,

tzva sha-lom u-m'nu-chah.

צְבָא שָׁלוֹם וּמְנוּחָה.

Bo-i bo-i ha-mal-kah!

בֹּאִי בֹּאִי הַמַּלְכָּה,

Bo-i bo-i ha-ka-lah!

בֹּאִי בֹּאִי הַכַּלָּה.

Sha-lom a-lei-chem

שָׁלוֹם עֲלֵיכֶם

mal-a-chei ha-sha-lom.

מַלְאֲכֵי הַשָּׁלוֹם.

The sun on the treetops no longer is seen,
Come gather to welcome the Sabbath, our queen.
Behold her descending, the holy, the blessed,
And with her the angels of peace and of rest.
Draw near, draw near, and here abide,
Draw near, draw near, O Sabbath bride.
Peace also to you, you angels of peace.

Yom Zeh L'Yisra-el—יוֹם זֶה לְיִשְׂרָאֵל

Yom zeh l'yis-ra-el, o-ra

יוֹם זֶה לְיִשְׂרָאֵל אוֹרָה

v'sim-cha, sha-bat m'nu-cha.

וְשִׂמְחָה, שַׁבַּת מְנוּחָה.

This day is one of light and gladness, a Sabbath of rest . . .

Birkat Hamazon
(Short form)

בִּרְכַּת הַמָּזוֹן
בְּקִצּוּר

Shir ha-ma-a-lot,	שִׁיר הַמַּעֲלוֹת
b'shuv A-do-nai et shi-vat tzi-yon	בְּשׁוּב יהוה אֶת־שִׁיבַת צִיּוֹן,
ha-yi-nu k'chol-mim.	הָיִינוּ כְּחֹלְמִים.
Az yi-ma-lei s'chok pi-nu	אָז יִמָּלֵא שְׂחוֹק פִּינוּ,
ul'sho-nei-nu ri-na.	וּלְשׁוֹנֵנוּ רִנָּה.
Az yom-ru va-go-yim	אָז יֹאמְרוּ בַגּוֹיִם:
hig-dil A-do-nai la-a-sot	הִגְדִּיל יהוה לַעֲשׂוֹת
im ei-leh	עִם־אֵלֶּה.
Hig-dil A-do-nai la-a-sot i-ma-nu,	הִגְדִּיל יהוה לַעֲשׂוֹת עִמָּנוּ,
ha-yi-nu s'mei-chim!	הָיִינוּ שְׂמֵחִים!
Shu-vah A-do-nai et sh'vi-tei-nu	שׁוּבָה יהוה אֶת־שְׁבִיתֵנוּ
ka-a-fi-kim ba-ne-gev.	כַּאֲפִיקִים בַּנֶּגֶב.
Ha-zo-rim b'di-mah	הַזֹּרְעִים בְּדִמְעָה
b'ri-nah yik-tzo-ru.	בְּרִנָּה יִקְצֹרוּ.
Ha-loch yei-lech u-va-cho	הָלוֹךְ יֵלֵךְ וּבָכֹה,
no-sei meh-shech ha-za-rah,	נֹשֵׂא מֶשֶׁךְ־הַזָּרַע,
bo ya-vo v'ri-nah	בֹּא־יָבוֹא בְרִנָּה
no-sei a-lu-mo-tav.	נֹשֵׂא אֲלֻמֹּתָיו.

A PILGRIM SONG: When God restores the exiles to Zion, it will seem like a dream. Our mouths will fill with laughter, our tongues with joyful song. They will say among the nations: God has done great things for them. Yes, God is doing great things for us, and we are joyful. Restore our fortunes, O God, as streams revive the desert. Then those who have sown in tears shall reap in joy. Those who go forth weeping, carrying bags of seeds, shall come home with shouts of joy, bearing their sheaves.

[Psalm 126]

Leader

Cha-vei-rim va-cha-vei-rot n'va-reich.

חֲבֵרִים וַחֲבֵרוֹת, נְבָרֵךְ.

Let us praise God.

Group

Y'hi sheim A-do-nai m'vo-rach
mei-a-ta v'ad o-lam!

יְהִי שֵׁם יי מְבֹרָךְ
מֵעַתָּה וְעַד עוֹלָם.

Praised be the name of God, now and for ever!

Leader

Y'hi sheim A-do-nai m'vo-rach
mei-a-ta v'ad o-lam!

יְהִי שֵׁם יי מְבֹרָךְ
מֵעַתָּה וְעַד עוֹלָם.

Bi-r'shut ha-chev-rah,
n'va-reich E-lo-hei-nu
she-a-chal-nu mi-she-lo.

בִּרְשׁוּת הַחֶבְרָה,
נְבָרֵךְ אֱלֹהֵינוּ
שֶׁאָכַלְנוּ מִשֶּׁלּוֹ.

Praised be the name of God, now and for ever!
Praised be our God, of whose abundance we have eaten.

Group

Ba-ruch E-lo-hei-nu
she-a-chal-nu mi-she-lo,
u-v'tu-vo cha-yi-nu.

בָּרוּךְ אֱלֹהֵינוּ
שֶׁאָכַלְנוּ מִשֶּׁלּוֹ,
וּבְטוּבוֹ חָיִינוּ.

Praised be our God, of whose abundance we have eaten,
and by whose goodness we live.

Leader

Ba-ruch E-lo-hei-nu
she-a-chal-nu mi-she-lo,
u-v'tu-vo cha-yi-nu.

בָּרוּךְ אֱלֹהֵינוּ
שֶׁאָכַלְנוּ מִשֶּׁלּוֹ,
וּבְטוּבוֹ חָיִינוּ.

Ba-ruch hu u-va-ruch sh'mo.

בָּרוּךְ הוּא וּבָרוּךְ שְׁמוֹ.

Praised be our God, of whose abundance we have eaten,
and by whose goodness we live.

Praised be the Eternal God!

Group

Ba-ruch a-ta A-do-nai,	בָּרוּךְ אַתָּה יי,
E-lo-hei-nu me-lech ha-o-lam,	אֱלֹהֵינוּ מֶלֶךְ הָעוֹלָם,
ha-zan et ha-o-lam	הַזָּן אֶת־הָעוֹלָם
ku-lo b'tu-vo,	כֻּלּוֹ בְּטוּבוֹ,
b'chein, b'che-sed, u-v'ra-cha-mim.	בְּחֵן בְּחֶסֶד וּבְרַחֲמִים.
Hu no-tein le-chem l'chol ba-sar,	הוּא נוֹתֵן לֶחֶם לְכָל־בָּשָׂר,
ki l'o-lam chas-do.	כִּי לְעוֹלָם חַסְדּוֹ.
U-v'tu-vo ha-ga-dol	וּבְטוּבוֹ הַגָּדוֹל
ta-mid lo cha-sar la-nu,	תָּמִיד לֹא חָסַר לָנוּ,
v'al yech-sar la-nu	וְאַל יֶחְסַר לָנוּ
ma-zon l'o-lam va-ed,	מָזוֹן לְעוֹלָם וָעֶד,
ba-a-vur sh'mo ha-ga-dol.	בַּעֲבוּר שְׁמוֹ הַגָּדוֹל.
Ki hu Eil zan	כִּי הוּא אֵל זָן
u-m'far-neis la-kol u-mei-tiv la-kol	וּמְפַרְנֵס לַכֹּל, וּמֵטִיב לַכֹּל
u-mei-chin ma-zon	וּמֵכִין מָזוֹן
l'chol b'ri-o-tav a-sher ba-ra.	לְכָל־בְּרִיּוֹתָיו אֲשֶׁר בָּרָא.
Ba-ruch a-ta A-do-nai,	בָּרוּךְ אַתָּה יי,
ha-zan et ha-kol.	הַזָּן אֶת־הַכֹּל.

Sovereign God of the universe, we praise You: Your goodness sustains the world. You are the God of grace, love, and compassion, the source of bread for all who live—for Your love is everlasting. In Your great goodness we need never lack for food; You provide food enough for all. We praise You, O God, Source of food for all who live.

Ka-ka-tuv: 'V'a-chal-ta v'sa-va-ta,	כַּכָּתוּב: וְאָכַלְתָּ וְשָׂבָעְתָּ,
u-vei-rach-ta et A-do-nai E-lo-he-cha	וּבֵרַכְתָּ אֶת־יהוה אֱלֹהֶיךָ
al ha-a-retz ha-to-vah asher	עַל־הָאָרֶץ הַטּוֹבָה אֲשֶׁר
na-tan lach.'	נָתַן־לָךְ.
Ba-ruch a-ta A-do-nai,	בָּרוּךְ אַתָּה יי,
al ha-a-retz v'al ha-mazon.	עַל־הָאָרֶץ וְעַל הַמָּזוֹן.

As it is written: When you have eaten and are satisfied, give praise to your God who has given you this good earth. We praise You, O God, for the earth, and for its sustenance.

U-v'nei Y'ru-sha-la-yim ir
ha-ko-desh bi-m'hei-ra v'ya-mei-nu.

וּבְנֵה יְרוּשָׁלַיִם עִיר
הַקֹּדֶשׁ בִּמְהֵרָה בְיָמֵינוּ.

Ba-ruch a-ta A-do-nai,
bo-neh v'ra-cha-mav Y'ru-sha-la-yim,
A-mein.

בָּרוּךְ אַתָּה יי,
בּוֹנֶה בְרַחֲמָיו יְרוּשָׁלָיִם.
אָמֵן.

Let Jerusalem, the holy city, be renewed in our time.
We praise You: in compassion You rebuild Jerusalem. Amen.

Ha-ra-cha-man, hu yan-chi-lei-nu
yom she-ku-lo sha-bat
u-me-nu-cha le-cha-yei ha-o-la-mim.

הָרַחֲמָן, הוּא יַנְחִילֵנוּ
יוֹם שֶׁכֻּלּוֹ שַׁבָּת
וּמְנוּחָה לְחַיֵּי הָעוֹלָמִים.

Merciful One, help us to see the coming of a time that is all Shabbat.

On Yom Tov

Ha-ra-cha-man, hu yan-chi-lei-nu
yom she-ku-lo tov.

הָרַחֲמָן, הוּא יַנְחִילֵנוּ
יוֹם שֶׁכֻּלּוֹ טוֹב.

Merciful One, help us to see the coming of a time that is all good.

On Rosh Hashanah

Ha-ra-cha-man, hu y'cha-deish
a-lei-nu et ha-sha-nah ha-zot
l'to-vah v'li-v'ra-cha.

הָרַחֲמָן, הוּא יְחַדֵּשׁ
עָלֵינוּ אֶת־הַשָּׁנָה הַזֹּאת
לְטוֹבָה וְלִבְרָכָה.

Merciful One, bring us a year of renewed good and blessing.

O-seh sha-lom bi-m'ro-mav,
hu ya-a-seh sha-lom
a-lei-nu v'al kol Yis-ra-eil,
v'i-m'ru, A-mein.

עֹשֶׂה שָׁלוֹם בִּמְרוֹמָיו,
הוּא יַעֲשֶׂה שָׁלוֹם
עָלֵינוּ וְעַל־כָּל־יִשְׂרָאֵל
וְאִמְרוּ אָמֵן.

May the Source of perfect peace grant peace to us,
to all Israel, and to all the world.

A-do-nai oz l'a-mo yi-tein,   יהוה עֹז לְעַמּוֹ יִתֵּן,

A-do-nai y'va-reich   יהוה יְבָרֵךְ

et a-mo va-sha-lom.   אֶת־עַמּוֹ בַשָּׁלוֹם.

Eternal God: give strength to Your people;
Eternal God: bless Your people with peace.

Birkat Hamazon   בִּרְכַּת הַמָּזוֹן

שִׁיר הַמַּעֲלוֹת בְּשׁוּב יהוה אֶת־שִׁיבַת צִיּוֹן, הָיִינוּ כְּחֹלְמִים.
אָז יִמָּלֵא שְׂחוֹק פִּינוּ, וּלְשׁוֹנֵנוּ רִנָּה.
אָז יֹאמְרוּ בַגּוֹיִם: הִגְדִּיל יהוה לַעֲשׂוֹת עִם־אֵלֶּה.
הִגְדִּיל יהוה לַעֲשׂוֹת עִמָּנוּ, הָיִינוּ שְׂמֵחִים!
שׁוּבָה יהוה אֶת־שְׁבִיתֵנוּ כַּאֲפִיקִים בַּנֶּגֶב.
הַזֹּרְעִים בְּדִמְעָה בְּרִנָּה יִקְצֹרוּ.
הָלוֹךְ יֵלֵךְ וּבָכֹה, נֹשֵׂא מֶשֶׁךְ־הַזָּרַע,
בֹּא־יָבוֹא בְרִנָּה נֹשֵׂא אֲלֻמֹּתָיו.

A Pilgrim Song: When God restores the exiles to Zion, it will seem like a dream. Our mouths will fill with laughter, our tongues with joyful song. They will say among the nations: God has done great things for them. Yes, God is doing great things for us, and we are joyful. Restore our fortunes, O God, as streams revive the desert. Then those who have sown in tears shall reap in joy. Those who go forth weeping, carrying bags of seeds, shall come home with shouts of joy, bearing their sheaves.

[Psalm 126]

Leader

חֲבֵרִים וַחֲבֵרוֹת, נְבָרֵךְ.

Let us praise God.

Group

יְהִי שֵׁם יי מְבֹרָךְ מֵעַתָּה וְעַד עוֹלָם.

Praised be the name of God, now and for ever!

Leader

יְהִי שֵׁם יי מְבֹרָךְ מֵעַתָּה וְעַד עוֹלָם.
בִּרְשׁוּת הַחֶבְרָה, נְבָרֵךְ אֱלֹהֵינוּ שֶׁאָכַלְנוּ מִשֶּׁלּוֹ.

Praised be the name of God, now and for ever!
Praised be our God, of whose abundance we have eaten.

| 23 |

Group

בָּרוּךְ אֱלֹהֵינוּ שֶׁאָכַלְנוּ מִשֶּׁלוֹ, וּבְטוּבוֹ חָיִינוּ.

Praised be our God, of whose abundance we have eaten,
and by whose goodness we live.

Leader

בָּרוּךְ אֱלֹהֵינוּ שֶׁאָכַלְנוּ מִשֶּׁלוֹ, וּבְטוּבוֹ חָיִינוּ.

בָּרוּךְ הוּא וּבָרוּךְ שְׁמוֹ.

Praised be our God, of whose abundance we have eaten,
and by whose goodness we live.

Praised be the Eternal God!

Group

בָּרוּךְ אַתָּה יי, אֱלֹהֵינוּ מֶלֶךְ הָעוֹלָם,

הַזָּן אֶת־הָעוֹלָם כֻּלּוֹ בְּטוּבוֹ, בְּחֵן בְּחֶסֶד וּבְרַחֲמִים.

הוּא נוֹתֵן לֶחֶם לְכָל־בָּשָׂר, כִּי לְעוֹלָם חַסְדּוֹ.

וּבְטוּבוֹ הַגָּדוֹל תָּמִיד לֹא חָסַר לָנוּ, וְאַל יֶחְסַר לָנוּ

מָזוֹן לְעוֹלָם וָעֶד, בַּעֲבוּר שְׁמוֹ הַגָּדוֹל.

כִּי הוּא אֵל זָן וּמְפַרְנֵס לַכֹּל, וּמֵטִיב לַכֹּל וּמֵכִין מָזוֹן

לְכָל־בְּרִיּוֹתָיו אֲשֶׁר בָּרָא. בָּרוּךְ אַתָּה יי, הַזָּן אֶת־הַכֹּל.

Sovereign God of the universe, we praise You: Your goodness sustains the
world. You are the God of grace, love, and compassion, the source of bread
for all who live—for Your love is everlasting. In Your great goodness we need
never lack for food; You provide food enough for all. We praise You, O God,
Source of food for all who live.

נוֹדֶה לְּךָ, יי אֱלֹהֵינוּ, עַל שֶׁהִנְחַלְתָּ לַאֲבוֹתֵינוּ וּלְאִמּוֹתֵינוּ אֶרֶץ חֶמְדָּה

טוֹבָה וּרְחָבָה, וְעַל שֶׁהוֹצֵאתָנוּ מֵאֶרֶץ מִצְרַיִם; וְעַל בְּרִיתְךָ שֶׁחָתַמְתָּ

בִּלְבָבֵנוּ; וּפְדִיתָנוּ מִבֵּית עֲבָדִים; וְעַל תּוֹרָתְךָ שֶׁלִּמַּדְתָּנוּ; וְעַל חֻקֶּיךָ

שֶׁהוֹדַעְתָּנוּ; וְעַל חַיִּים חֵן וָחֶסֶד שֶׁחוֹנַנְתָּנוּ; וְעַל אֲכִילַת מָזוֹן שָׁאַתָּה זָן

וּמְפַרְנֵס אוֹתָנוּ תָּמִיד, בְּכָל־יוֹם וּבְכָל־עֵת וּבְכָל־שָׁעָה.

For this good earth that You have entrusted to our mothers and fathers, and to us; for our deliverance from bondage; for the covenant You have sealed into our hearts; for Your life-giving love and grace; for Torah, our way of life, and for the food that sustains us day by day, we give You thanks.

On Chanuka

עַל הַנִּסִּים וְעַל הַפֻּרְקָן וְעַל הַגְּבוּרוֹת וְעַל הַתְּשׁוּעוֹת וְעַל הַנֶּחָמוֹת
שֶׁעָשִׂיתָ לַאֲבוֹתֵינוּ וּלְאִמּוֹתֵינוּ בַּיָּמִים הָהֵם וּבַזְּמַן הַזֶּה. בִּימֵי מַתִּתְיָהוּ
בֶּן־יוֹחָנָן כֹּהֵן גָּדוֹל, חַשְׁמוֹנַאי וּבָנָיו, כְּשֶׁעָמְדָה מַלְכוּת יָוָן הָרְשָׁעָה
עַל עַמְּךָ יִשְׂרָאֵל, לְהַשְׁכִּיחָם תּוֹרָתֶךָ וּלְהַעֲבִירָם מֵחֻקֵּי רְצוֹנֶךָ. וְאַתָּה
בְּרַחֲמֶיךָ הָרַבִּים עָמַדְתָּ לָהֶם בְּעֵת צָרָתָם, רַבְתָּ אֶת־רִיבָם, דַּנְתָּ
אֶת־דִּינָם, מָסַרְתָּ גִּבּוֹרִים בְּיַד חַלָּשִׁים, וְרַבִּים בְּיַד מְעַטִּים, וּטְמֵאִים
בְּיַד טְהוֹרִים, וּרְשָׁעִים בְּיַד צַדִּיקִים, וְזֵדִים בְּיַד עוֹסְקֵי תוֹרָתֶךָ. וּלְךָ
עָשִׂיתָ שֵׁם גָּדוֹל וְקָדוֹשׁ בְּעוֹלָמֶךָ, וּלְעַמְּךָ יִשְׂרָאֵל עָשִׂיתָ תְּשׁוּעָה
גְדוֹלָה וּפֻרְקָן כְּהַיּוֹם הַזֶּה, וְאַחַר כֵּן בָּאוּ בָנֶיךָ לִדְבִיר בֵּיתֶךָ, וּפִנּוּ
אֶת־הֵיכָלֶךָ, וְטִהֲרוּ אֶת־מִקְדָּשֶׁךָ, וְהִדְלִיקוּ נֵרוֹת בְּחַצְרוֹת קָדְשֶׁךָ,
וְקָבְעוּ שְׁמוֹנַת יְמֵי חֲנֻכָּה אֵלּוּ, לְהוֹדוֹת וּלְהַלֵּל לְשִׁמְךָ הַגָּדוֹל.

In days of old at this season You saved our people by wonders and mighty deeds. In the days of Mattathias the Hasmonean, the Hellenic Empire sought to destroy our people Israel by making them forget their Torah, and by forcing them to abandon their ancient way of life.

Through the power of Your spirit the weak defeated the strong, the few prevailed over the many, and the righteous were victorious.

Then Your children returned to Your House to purify the sanctuary and to kindle its lights.

And they dedicated these days to give thanks and praise to Your majestic glory.

On Purim

עַל הַנִּסִּים וְעַל הַפֻּרְקָן וְעַל הַגְּבוּרוֹת וְעַל הַתְּשׁוּעוֹת וְעַל הַנֶּחָמוֹת
שֶׁעָשִׂיתָ לַאֲבוֹתֵֽינוּ וּלְאִמּוֹתֵֽינוּ בַּיָּמִים הָהֵם וּבַזְּמַן הַזֶּה. בִּימֵי מָרְדְּכַי
וְאֶסְתֵּר בְּשׁוּשַׁן הַבִּירָה, כְּשֶׁעָמַד עֲלֵיהֶם הָמָן הָרָשָׁע, בִּקֵּשׁ לְהַשְׁמִיד
לַהֲרוֹג וּלְאַבֵּד אֶת־כָּל־הַיְּהוּדִים, מִנַּעַר וְעַד־זָקֵן, טַף וְנָשִׁים, בְּיוֹם
אֶחָד, בִּשְׁלֹשָׁה עָשָׂר לְחֹדֶשׁ שְׁנֵים־עָשָׂר, הוּא־חֹדֶשׁ אֲדָר, וּשְׁלָלָם
לָבוֹז. וְאַתָּה בְּרַחֲמֶיךָ הָרַבִּים הֵפַרְתָּ אֶת־עֲצָתוֹ וְקִלְקַלְתָּ אֶת־מַחֲשַׁבְתּוֹ.

In days of old at this season You saved our people by wonders and mighty deeds.

In the days of Mordechai and Esther, the wicked Haman arose in Persia, plotting the destruction of all the Jews. He planned to destroy them in a single day, the thirteenth of Adar, and to plunder their possessions.

But through Your great mercy his plan was thwarted, his scheme frustrated. We therefore thank and bless You, the great and gracious God!

וְעַל הַכֹּל, יי אֱלֹהֵֽינוּ, אֲנַֽחְנוּ מוֹדִים לָךְ וּמְבָרְכִים אוֹתָךְ, יִתְבָּרַךְ שִׁמְךָ
בְּפִי כָּל־חַי תָּמִיד לְעוֹלָם וָעֶד, כַּכָּתוּב: וְאָכַלְתָּ וְשָׂבָֽעְתָּ, וּבֵרַכְתָּ
אֶת־יהוה אֱלֹהֶֽיךָ עַל־הָאָֽרֶץ הַטּוֹבָה אֲשֶׁר נָֽתַן־לָךְ. בָּרוּךְ אַתָּה יי,
עַל־הָאָֽרֶץ וְעַל־הַמָּזוֹן.

For all this we thank You. Let Your praise ever be on the lips of all who live, as it is written: "When you have eaten and are satisfied, give praise to your God who has given you this good earth."

We praise You, O God, for the earth, and for its sustenance. Amen.

רַחֵם, יי אֱלֹהֵֽינוּ, עַל יִשְׂרָאֵל עַמֶּֽךָ, וְעַל יְרוּשָׁלַֽיִם עִירֶֽךָ, וְעַל צִיּוֹן
מִשְׁכַּן כְּבוֹדֶֽךָ. אֱלֹהֵֽינוּ אָבִֽינוּ, וְאִמֵּֽנוּ רְעֵֽנוּ זוּנֵֽנוּ, פַּרְנְסֵֽנוּ
וְכַלְכְּלֵֽנוּ וְהַרְוִיחֵֽנוּ, וְהַרְוַח לָֽנוּ, יי אֱלֹהֵֽינוּ, מְהֵרָה מִכָּל־צָרוֹתֵֽינוּ. וְנָא
אַל תַּצְרִיכֵֽנוּ, יי אֱלֹהֵֽינוּ, לֹא לִידֵי מַתְּנַת בָּשָׂר וָדָם וְלֹא לִידֵי
הַלְוָאָתָם, כִּי אִם לְיָדְךָ הַמְּלֵאָה הַפְּתוּחָה הַגְּדוֹשָׁה וְהָרְחָבָה, שֶׁלֹּא
נֵבוֹשׁ וְלֹא נִכָּלֵם לְעוֹלָם וָעֶד.

Eternal God, Source of our being, show compassion for Israel Your people, Jerusalem Your city, and Zion, the ancient dwelling-place of Your glory. Guide and sustain us in all our habitations, and be a help to us in all our troubles.

| 26 |

May we ever be able to help ourselves and one another, even as we rely on Your open and generous bounty.

רְצֵה וְהַחֲלִיצֵנוּ, יי אֱלֹהֵינוּ, בְּמִצְוֹתֶיךָ וּבְמִצְוַת יוֹם הַשְּׁבִיעִי הַשַּׁבָּת הַגָּדוֹל וְהַקָּדוֹשׁ הַזֶּה, כִּי יוֹם זֶה גָּדוֹל וְקָדוֹשׁ הוּא לְפָנֶיךָ, לִשְׁבָּת־בּוֹ וְלָנוּחַ בּוֹ בְּאַהֲבָה כְּמִצְוַת רְצוֹנֶךָ. וּבִרְצוֹנְךָ הָנַח לָנוּ, יי אֱלֹהֵינוּ, שֶׁלֹּא תְהֵא צָרָה וְיָגוֹן וַאֲנָחָה בְּיוֹם מְנוּחָתֵנוּ. וְהַרְאֵנוּ, יי אֱלֹהֵינוּ, בְּנֶחָמַת צִיּוֹן עִירֶךָ וּבְבִנְיַן יְרוּשָׁלַיִם עִיר קָדְשֶׁךָ, כִּי אַתָּה הוּא בַּעַל הַיְשׁוּעוֹת וּבַעַל הַנֶּחָמוֹת.

Eternal God, strengthen our resolve to live by Your Mitzvot, and especially the Mitzvah of the seventh day, the great and holy Sabbath, the day of rest and serenity, of loving reflection upon Your will. Father of deliverance, Mother of consolation, give us this day rest from sorrow, anguish, and pain, and renew our vision of a more beautiful world.

On Rosh Chodesh and Yom Tov

אֱלֹהֵינוּ וֵאלֹהֵי אֲבוֹתֵינוּ וְאִמּוֹתֵינוּ, יַעֲלֶה וְיָבֹא וְיִזָּכֵר זִכְרוֹנֵנוּ וְזִכְרוֹן כָּל־עַמְּךָ בֵּית יִשְׂרָאֵל לְפָנֶיךָ לְטוֹבָה וְלִבְרָכָה לְחַיִּים וּלְשָׁלוֹם בְּיוֹם . . .

- רֹאשׁ הַחֹדֶשׁ הַזֶּה,
- חַג הַמַּצּוֹת הַזֶּה,
- הָעַצְמָאוּת הַזֶּה,
- חַג הַשָּׁבֻעוֹת הַזֶּה,
- הַזִּכָּרוֹן הַזֶּה,
- חַג הַסֻּכּוֹת הַזֶּה,
- הַשְּׁמִינִי חַג הָעֲצֶרֶת הַזֶּה.

זָכְרֵנוּ, יי אֱלֹהֵינוּ, בּוֹ לְטוֹבָה. אָמֵן.
וּפָקְדֵנוּ בוֹ לִבְרָכָה. אָמֵן.
וְהוֹשִׁיעֵנוּ בוֹ לְחַיִּים. אָמֵן.

BIRKAT HAMAZON

Our God and God of all ages, be mindful of us and of all Your people of the House of Israel. Grant us well-being and blessing, life and peace, on this . . .

- First day of the new month,
- Feast of Pesach,
- Day of Independence,
- Feast of Shavuot,
- Day of Remembrance,
- Feast of Sukkot,
- Feast of Atzeret-Simchat Torah.

Remember us this day for well-being.
Bless us this day with Your presence.
Help us this day to lead a full life.

וּבְנֵה יְרוּשָׁלַיִם עִיר הַקֹּדֶשׁ בִּמְהֵרָה בְיָמֵינוּ.
בָּרוּךְ אַתָּה יי, בּוֹנֵה בְרַחֲמָיו יְרוּשָׁלָיִם. אָמֵן.

Let Jerusalem, the holy city, be renewed in our time.
We praise You, O God, who in compassion rebuild Jerusalem. Amen.

בָּרוּךְ אַתָּה יי, אֱלֹהֵינוּ מֶלֶךְ הָעוֹלָם, הָאֵל אָבִינוּ מַלְכֵּנוּ, אַדִּירֵנוּ,
בּוֹרְאֵנוּ, גּוֹאֲלֵנוּ, יוֹצְרֵנוּ, קְדוֹשֵׁנוּ, קְדוֹשׁ יַעֲקֹב, רוֹעֵנוּ, רוֹעֵה יִשְׂרָאֵל,
הַמֶּלֶךְ הַטּוֹב וְהַמֵּטִיב לַכֹּל שֶׁבְּכָל־יוֹם וָיוֹם הוּא הֵטִיב, הוּא מֵטִיב,
הוּא יֵיטִיב לָנוּ. הוּא גְמָלָנוּ, הוּא גוֹמְלֵנוּ הוּא יִגְמְלֵנוּ לָעַד, לְחֵן לְחֶסֶד
וּלְרַחֲמִים וּלְרֶוַח, הַצָּלָה וְהַצְלָחָה, בְּרָכָה וִישׁוּעָה, נֶחָמָה, פַּרְנָסָה
וְכַלְכָּלָה, וְרַחֲמִים וְחַיִּים וְשָׁלוֹם, וְכָל־טוֹב, וּמִכָּל־טוּב אַל־יְחַסְּרֵנוּ.

We praise You, divine Parent of Israel, Source of liberating power and vision, of all that is holy and good. You have shown us love and kindness always; day by day You grant us grace and compassion, deliverance and freedom, prosperity and blessing, life and peace.

הָרַחֲמָן, הוּא יִמְלוֹךְ עָלֵינוּ לְעוֹלָם וָעֶד.

Merciful One, be our God for ever.

הָרַחֲמָן, הוּא יִתְבָּרַךְ בַּשָּׁמַיִם וּבָאָרֶץ.

Merciful One, heaven and earth alike are blessed by Your presence.

הָרַחֲמָן, הוּא יִשְׁתַּבַּח לְדוֹר דּוֹרִים,
וְיִתְפָּאַר בָּנוּ לָנֶצַח נְצָחִים,
וְיִתְהַדַּר בָּנוּ לָעַד וּלְעוֹלְמֵי עוֹלָמִים.

Merciful One, let all the generations proclaim Your glory.

הָרַחֲמָן, הוּא יְפַרְנְסֵנוּ בְּכָבוֹד.

Merciful One, help us to sustain ourselves in honor.

הָרַחֲמָן, הוּא יִשְׁבּוֹר עֻלֵּנוּ מֵעַל צַוָּארֵנוּ.

Merciful One, help us break the yoke of oppression from off our necks.

הָרַחֲמָן, הוּא יִשְׁלַח בְּרָכָה מְרֻבָּה בַּבַּיִת הַזֶּה וְעַל שֻׁלְחָן זֶה שֶׁאָכַלְנוּ עָלָיו.

Merciful One, bless this house, this table at which we have eaten.

הָרַחֲמָן, הוּא יִשְׁלַח לָנוּ אֶת־אֵלִיָּהוּ הַנָּבִיא,
זָכוּר לַטּוֹב, וִיבַשֶּׂר־לָנוּ בְּשׂוֹרוֹת טוֹבוֹת, יְשׁוּעוֹת וְנֶחָמוֹת.

Merciful One, send us Elijah-tidings, glimpses of good to come, of redemption and consolation.

הָרַחֲמָן, הוּא יְזַכֵּנוּ לִימוֹת הַגְּאוּלָּה וּלְחַיֵּי הָעוֹלָם הַבָּא.

Merciful One, find us worthy of witnessing a time of redemption and of attaining eternal life.

One or more of the following may be added here

הָרַחֲמָן, הוּא קֶרֶן לְעַמּוֹ יָרִים.

Merciful One, give strength to Your people.

הָרַחֲמָן, הוּא יִשְׁלַח בְּרָכָה וְהַצְלָחָה בְּכָל־מַעֲשֵׂי יָדֵינוּ.

Merciful One, bless and prosper the work of our hands.

הָרַחֲמָן, הוּא יִרְפָּאֵנוּ רְפוּאָה שְׁלֵמָה, רְפוּאַת הַנֶּפֶשׁ וּרְפוּאַת הַגּוּף.

Merciful One, grant us health of body and spirit.

הָרַחֲמָן, הוּא יִפְרֹשׂ עָלֵינוּ סֻכַּת שְׁלוֹמוֹ.

Merciful One, spread over us the shelter of Your peace.

הָרַחֲמָן, הוּא יִטַּע תּוֹרָתוֹ וְאַהֲבָתוֹ בְּלִבֵּנוּ וְיָאִיר עֵינֵינוּ בִּמְאוֹר תּוֹרָתוֹ.

Merciful One, implant Your teaching and Your love in our hearts and illumine our eyes with the light of Torah.

הָרַחֲמָן, הוּא יְמַלֵּא מִשְׁאֲלוֹת לִבֵּנוּ לְטוֹבָה.

Merciful One, fulfill for good the desires of our hearts.

הָרַחֲמָן, הוּא יְבָרֵךְ אוֹתָנוּ וְאֶת־כָּל־אֲשֶׁר לָנוּ, כְּמוֹ שֶׁנִּתְבָּרְכוּ אֲבוֹתֵינוּ אַבְרָהָם, יִצְחָק, וְיַעֲקֹב, וְאִמּוֹתֵינוּ שָׂרָה, רִבְקָה, לֵאָה וְרָחֵל, בַּכֹּל מִכֹּל כֹּל, כֵּן יְבָרֵךְ אוֹתָנוּ כֻּלָּנוּ יַחַד, בִּבְרָכָה שְׁלֵמָה, וְנֹאמַר: אָמֵן.

Merciful One, bless us and all our dear ones; as You blessed our ancestors Abraham, Isaac, and Jacob; Sarah, Rebekah, Leah, and Rachel, so bless us, one and all; and let us say: Amen.

בַּמָּרוֹם יְלַמְּדוּ עָלֵינוּ זְכוּת שֶׁתְּהֵא לְמִשְׁמֶרֶת שָׁלוֹם; וְנִשָּׂא בְרָכָה מֵאֵת יי, וּצְדָקָה מֵאֱלֹהֵי יִשְׁעֵנוּ, וְנִמְצָא־חֵן וְשֵׂכֶל טוֹב בְּעֵינֵי אֱלֹהִים וְאָדָם.

May we receive blessings from the Eternal One, kindness from God our help, and may we all find divine and human grace and favor.

הָרַחֲמָן, הוּא יַנְחִילֵנוּ יוֹם שֶׁכֻּלּוֹ שַׁבָּת וּמְנוּחָה לְחַיֵּי הָעוֹלָמִים.

Merciful One, help us to see the coming of a time that is all Shabbat.

BIRKAT HAMAZON

On Rosh Chodesh

הָרַחֲמָן, הוּא יְחַדֵּשׁ עָלֵינוּ אֶת־הַחֹדֶשׁ הַזֶּה לְטוֹבָה וְלִבְרָכָה.

Merciful One, bring us a month of renewed good and blessing.

On Yom Tov

הָרַחֲמָן, הוּא יַנְחִילֵנוּ יוֹם שֶׁכֻּלּוֹ טוֹב.

Merciful One, help us to see the coming of a time that is all good.

On Yom Ha-atzma-ut

הָרַחֲמָן, הוּא יָאִיר אוֹר חָדָשׁ עַל צִיּוֹן וְנִזְכֶּה כֻלָּנוּ לְאוֹרוֹ.

Merciful One, shed a new light upon Zion, and may it be our blessing to see its splendor.

On Rosh Hashanah

הָרַחֲמָן, הוּא יְחַדֵּשׁ עָלֵינוּ אֶת־הַשָּׁנָה הַזֹּאת לְטוֹבָה וְלִבְרָכָה.

Merciful One, bring us a year of renewed good and blessing.

עֹשֶׂה שָׁלוֹם בִּמְרוֹמָיו, הוּא יַעֲשֶׂה שָׁלוֹם
עָלֵינוּ וְעַל־כָּל־יִשְׂרָאֵל וְאִמְרוּ אָמֵן.

הֹדוּ לַיהוה כִּי־טוֹב, כִּי לְעוֹלָם חַסְדּוֹ.

פּוֹתֵחַ אֶת־יָדֶךָ וּמַשְׂבִּיעַ לְכָל־חַי רָצוֹן.

בָּרוּךְ הַגֶּבֶר אֲשֶׁר יִבְטַח בַּיהוה, וְהָיָה יהוה מִבְטַחוֹ.

יהוה עֹז לְעַמּוֹ יִתֵּן, יהוה יְבָרֵךְ אֶת־עַמּוֹ בַשָּׁלוֹם.

May the Source of perfect peace grant peace to us, to all Israel, and to all the world.

Give thanks to God, who is good, whose love is everlasting, whose hand is open to feed all that lives.

Blessed are you who trust in God; God is Your stronghold.

Eternal God: give strength to Your people; Eternal God: bless Your people with peace.

Havdalah הַבְדָּלָה

As Shabbat ends, the Havdalah candle is lit.
It is customary to lift the cup of wine or grape juice high
when the last sentence is read and then proceed directly to the blessing.

Hi-nei Eil y'shu-a-ti,	הִנֵּה אֵל יְשׁוּעָתִי,
ev-tach v'lo ef-chad.	אֶבְטַח וְלֹא אֶפְחָד.
Ki o-zi v'zim-rat Ya Adonai,	כִּי־עָזִּי וְזִמְרָת יָהּ יהוה,
va-y'hi li li-shu-a.	וַיְהִי־לִי לִישׁוּעָה.
U-sh'av-tem ma-yim	וּשְׁאַבְתֶּם־מַיִם
b'sa-son mi-ma-a-y'nei ha-y'shu-a.	בְּשָׂשׂוֹן מִמַּעַיְנֵי הַיְשׁוּעָה.
La-a-do-nai ha-y'shu-ah,	לַיהוה הַיְשׁוּעָה,
al a-m'cha bir-cha-teh-cha, se-la.	עַל־עַמְּךָ בִרְכָתֶךָ, סֶּלָה.
Adonai tz'va-ot i-ma-nu,	יהוה צְבָאוֹת עִמָּנוּ,
mis-gav la-nu Eh-lo-hei Ya-a-kov,	מִשְׂגָּב־לָנוּ אֱלֹהֵי יַעֲקֹב,
seh-la. Adonai tz'va-ot,	סֶלָה. יהוה צְבָאוֹת,
ash-rei a-dam bo-tei-ach bach!	אַשְׁרֵי אָדָם בֹּטֵחַ בָּךְ!
Adonai ho-shi-a;	יהוה הוֹשִׁיעָה;
ha-meh-lech ya-a-nei-nu	הַמֶּלֶךְ יַעֲנֵנוּ
v'yom kor-ei-nu.	בְיוֹם־קָרְאֵנוּ.
La-y'hu-dim ha-y'ta	לַיְּהוּדִים הָיְתָה
o-ra v'sim-cha v'sa-son vi-kar;	אוֹרָה וְשִׂמְחָה וְשָׂשׂוֹן וִיקָר;
kein ti-h'yeh la-nu.	כֵּן תִּהְיֶה לָּנוּ.
Kos y'shu-ot eh-sa,	כּוֹס־יְשׁוּעוֹת אֶשָּׂא,
u-v'sheim Adonai ek-ra.	וּבְשֵׁם יהוה אֶקְרָא.

Behold, God is my Help; trusting in the Eternal One, I am not afraid. For the Eternal One is my strength and my song, and has become my salvation. With joy we draw water from the wells of salvation. The Eternal One brings deliverance, and blessing to the people. The God of the hosts of heaven is with us; the God of Jacob is our stronghold. God of the hosts of heaven, happy is the one who trusts in You! Save us, Eternal One; answer us, when we call upon You. Give us light and joy, gladness and honor, as in the happiest days

HAVDALAH

of our people's past. Then shall we lift up the cup to rejoice in Your saving power, and call out Your name in praise.

The Wine or Grape Juice

Lift the goblet but do not drink
until after the Blessing of Separation.

Ba-ruch a-ta Adonai,   בָּרוּךְ אַתָּה יי,
Eh-lo-hei-nu meh-lech ha-o-lam,   אֱלֹהֵינוּ מֶלֶךְ הָעוֹלָם,
bo-rei p'ri ha-ga-fen.   בּוֹרֵא פְּרִי הַגָּפֶן.

We praise You, Eternal God, Sovereign of the universe, Creator of the fruit of the vine.

The Spices

Lift the spice box.

Ba-ruch a-ta Adonai,   בָּרוּךְ אַתָּה יי,
Eh-lo-hei-nu meh-lech ha-o-lam,   אֱלֹהֵינוּ מֶלֶךְ הָעוֹלָם,
bo-rei mi-nei v'sa-mim.   בּוֹרֵא מִינֵי בְשָׂמִים.

We praise You, Eternal God, Sovereign of the universe, Creator of the world's spices.

Circulate the spice box.

The Light

Raise the Havdalah candle

Ba-ruch a-ta Adonai,   בָּרוּךְ אַתָּה יי,
Eh-lo-hei-nu meh-lech ha-o-lam,   אֱלֹהֵינוּ מֶלֶךְ הָעוֹלָם,
bo-rei m'o-rei ha-eish.   בּוֹרֵא מְאוֹרֵי הָאֵשׁ.

We praise You, Eternal God, Sovereign of the universe, Creator of fire.

The Blessing of Separation

The candle is held high as the leader says:

Ba-ruch a-ta Adonai,   בָּרוּךְ אַתָּה יי,
Eh-lo-hei-nu meh-lech ha-o-lam,   אֱלֹהֵינוּ מֶלֶךְ הָעוֹלָם,
ha-mav-dil bein ko-desh l'chol,   הַמַּבְדִּיל בֵּין קֹדֶשׁ לְחוֹל,
bein or l'cho-shech,   בֵּין אוֹר לְחֹשֶׁךְ,

| 33 |

bein Yis-ra-eil la-a-mim,
bein yom ha-sh'vi-i
l'shei-shet y'mei ha-ma-a-seh.

בֵּין יִשְׂרָאֵל לָעַמִּים,
בֵּין יוֹם הַשְּׁבִיעִי
לְשֵׁשֶׁת יְמֵי הַמַּעֲשֶׂה.

Ba-ruch a-ta Adonai,
ha-mav-dil bein ko-desh l'chol.

בָּרוּךְ אַתָּה יי,
הַמַּבְדִּיל בֵּין קֹדֶשׁ לְחוֹל.

We praise You, Eternal God, Sovereign of the universe:
You distinguish the commonplace from the holy; You create light and dark-
ness, Israel and the nations, the seventh day of rest and the six days of labor.
We praise You, O God: You call us to distinguish the commonplace
from the holy.

Sip the wine or grape juice.

■

*Extinguish the Havdalah candle in the remaining wine or grape juice, while
the following passages are sung or said:*

Ha-mav-dil bein ko-desh l'chol,
cha-to-tei-nu hu yim-chol,
zar-ei-nu v'chas-pei-nu yar-beh
ka-chol, v'cha-ko-cha-vim ba-lai-la.

הַמַּבְדִּיל בֵּין קֹדֶשׁ לְחוֹל,
חַטֹּאתֵינוּ הוּא יִמְחֹל,
זַרְעֵנוּ וְכַסְפֵּנוּ יַרְבֶּה
כַּחוֹל, וְכַכּוֹכָבִים בַּלָּיְלָה.

Sha-vu-a tov . . .

שָׁבוּעַ טוֹב . . .

A good week, a week of peace.
May gladness reign and joy increase.

Eiliyahu Hanavi—אֵלִיָּהוּ הַנָּבִיא

Ei-li-ya-hu ha-na-vi,
Ei-li-ya-hu ha-tish-bi,
Ei-li-ya-hu, Ei-li-ya-hu,
Ei-li-ya-hu ha-gil-a-di.

אֵלִיָּהוּ הַנָּבִיא,
אֵלִיָּהוּ הַתִּשְׁבִּי,
אֵלִיָּהוּ, אֵלִיָּהוּ,
אֵלִיָּהוּ הַגִּלְעָדִי.

Bi-m'hei-ra v'ya-mei-nu,
ya-vo ei-lei-nu,
Im Ma-shi-ach ben Da-vid,
Im Ma-shi-ach ben Da-vid.

בִּמְהֵרָה בְיָמֵינוּ,
יָבֹא אֵלֵינוּ,
עִם מָשִׁיחַ בֶּן דָּוִד,
עִם מָשִׁיחַ בֶּן דָּוִד.

Elijah the prophet, the Tishbite, the Gileadite:
come to us soon, to herald our redemption . . .